Rough Angel
Ange écru

Wendy Jean MacLean

Translation/Traduction
Michel Gadoury

*Blessings, Karen -
Wendy MacLean
Montreal LPMIT 2007*

Canadä

The Publishers acknowledge the financial assistance of the
Government of Canada through the Book Publishing Industry
Development Program (BPIDP) for our publishing activities.

Library and Archives Canada Cataloguing in Publication

MacLean, Wendy Jean 1955 Aug. 27-
 [Rough Angel. French & English]
 Rough angel/Wendy Jean MacLean; translator, Michel Gadoury =
Ange écru / Wendy Jean MacLean; traduction, Michel Gadoury

Text in English and French.
ISBN 0-88887-319-0

I. Gadoury, Michel II. Title. III. Title: Ange écru.

PS8625.L433R68 2006   C811'.6   C2006-901676-3E

Credits

Photos
Front Cover: Michel Gadoury
Back Cover: Maureen Yearsly
Drawings: Wendy Jean MacLean

Printed and bound in Canada on acid free paper.

Canadä

Nous reconnaissons l'aide financière du Gouvernement
du Canada par le Programme d'aide au développement
de l'industrie de l'édition (PADIÉ) pour nos activités d'édition.

Catalogage avant publication de Bibliothèque et Archives Canada

MacLean, Wendy Jean 1955 Aug. 27-
    [Rough Angel. French & English]
    Rough angel/Wendy Jean MacLean; translator, Michel Gadoury =
Ange écru / Wendy Jean MacLean; traduction, Michel Gadoury

Texte en anglais et en français.
ISBN 0-88887-319-0

I. Gadoury, Michel II. Titre. III. Titre: Ange écru.

PS8625.L433R68 2006   C811'.6   C2006-901676-3F

Crédits

Photos
Couverture avant Michel Gadoury
Couverture arrière Maureen Yearsly
Dessins : Wendy Jean MacLean

Imprimé et relié au Canada sur papier sans acide

Dedication: from Wendy Jean MacLean

To all who translate:
     From morning light
               to song and prayer
And to Michel
     Who takes my words
               to heart and back.

                                             Wendy

               Dédicace: de Michel Gadoury

Wendy bien-aimée

La Re-naissance se produit à chaque matin lorsque que je vois ton sourire scintillant d'amour bienfaisante. Chaque journée est renouvelée par la bonne nouvelle car nous nous aimons et nous nous découvrons. Notre aura grandit et elle se répandra parmi la Ré-création.

                                             Michel

Rough Angel
Ange écru

Wendy Jean MacLean

Translation/Traduction
Michel Gadoury

Borealis Press
Ottawa, Canada
2006

Preface

The key to the source of creativity lies in the will to cling to spirituality, to be close to the inexpressible, and not merely in the ability of expression. What is creative comes from responsive merging with the eternal in reality, not from an ambition to say something. *Abraham Heschel.* The Earth is the Lord's

At a time in my life when my heart knew I needed to make some changes, but my mind resisted, I took pottery classes. I was not good on the wheel. I allowed myself to "just play" with the clay. Over and over again, I made figures with wings. Some days I would go to class determined to make figures with feet. I wanted to be grounded.

But my heart knew different. All my figures had wings.

I made a very rough angel to be the second angel in a nativity set. She is my "rough angel". Her glaze is uneven. Her wings are not symmetrical. She doesn't even fit the crèche. But to me she represents the mystical and wonderful mixture of grace and struggle of my own life.

The people in these poems are the rough angels who have graced my life with their own unique God-given styles. Friends, family, and people I have met in my travels and my ministry and things growing in my garden – these are my rough angels.

An angel is a messenger. I think I finally listened to the messages! And wrote them down.

Préface

La clé de la source créative est dans la volonté de s'accrocher à la spiritualité, d'être proche de l'inexprimable et de ne pas être près de l'habilité expressive. Ce qui est créatif vient avec l'éternité dans la réalité, et non pas dans l'ambition de dire quelque chose. *Abraham Heschel.* La terre est au Seigneur

À un certain moment de ma vie lorsque mon cœur savait que j'avais besoin de changement, mais ma volonté résista. Je suivis des cours de poterie. Je n'étais pas bonne sur la roue. Je me suis permise de « seulement jouer » avec la glaise. Je faisais des figurines avec des ailes encore et encore. Certains jours, j'étais déterminée de faire des jambes à mes figurines. Je voulais avoir un pied sur terre.

Mais mon cœur savait autrement. Toutes mes figurines avaient des ailes.

J'ai fait un ange très écru pour être le deuxième ange pour l'ensemble de ma nativité. Elle est mon « ange écru ». Son glaçage est inégal. Ses ailes sont asymétriques. Elle n'est même pas de la bonne dimension pour la crèche. Mais pour moi, elle représente la mystique et le mélange merveilleux de la grâce et la lutte de ma propre existence.

Les personnes dans ces poèmes sont des anges écrus qui ont gratifié ma vie par leur unique personnalité donnée par Dieu. Amis, famille et gens que j'ai rencontré dans mes voyages et dans mon ministère et les choses qui croissent dans mon jardin : Ce sont mes anges écrus.

Un ange est un messager. Je crois que j'ai finalement écouté les messages ! Et que je les ai noté.

I have grouped the poems in five sections:
Catching Light reflects and holds moments of spiritual devotion.
Earth Fired poems are drawn from nature and my garden.
Of Stain and Grace are stories and portraits based on my family.
Rock and Sun cover the global and yet intimate connection we share.
Rough Angel are poems drawn from my experience with people at the threshold of life and my own grief and joys as I experience this mystery.

Acknowledgements:

The Geese Gather has been published in The Shebrooke Record
God is Off to the Fair has been published in The Brome County News
Sitting With Elaine has been published in Women's Concerns

I am deeply thankful for the creative patience and assistance from my husband, Michel. His persistence and abiding confidence have focussed me and coordinated my work in a way I would not have managed on my own. His sensitive translations have delighted me, opening up images and puns in French in ways they don't in English.

I also want to thank Munira Judith Avinger for her confidence and encouragement. Her poetry and spiritual path are an inspiration. Her radiance is truly a "shining" example. Thanks also to the "Spontaneous Writers Group" for listening and sharing their own writing and responses.

My sister, Heather, is a precious kindred spirit. For our whole lives we have walked together in the creative process, taking turns facing down the dragons that tempt us to be practical. I am happy to do with words what she does with paint: express beauty with an openness that invites the soul to sing.

May these poems be a blessing.
Wendy Jean MacLean

Les poèmes sont regroupés en cinq sections :
Capturé la lumière réfléchit et saisit les moments de dévotion spirituelle.
Terre brûlée les poèmes sont puisés de la nature et de mon jardin.
De souillure et de grâce sont des histoires et des portraits de ma famille.
Pierre et Soleil couvre la liaison globale et très intime que nous vivons.
Ange écru sont des poèmes puisés de mon expérience avec les gens au seuil de la mort et mes propres chagrins et joies pendant que je vis ce mystère.

Remerciements :

Le regroupement des oies a été publié dans The Sherbrooke Record
Dieu est parti pour la foire a été publié dans The Brome County News
Assise avec Elaine a été publié dans Women's Concerns

Je suis profondément reconnaissante pour la patience créative et l'assistance de mon époux, Michel. Sa persévérance et sa fidèle confiance m'ont centré et coordonné mon travail d'une façon que je n'aurais pu par moi-même. Ses traductions sensibles m'ont ravi, découvrant des images et des jeux de mots français que l'Anglais n'a pas.

Je veux aussi remercier Munira Judith Avinger pour sa confiance et son encouragement. Sa poésie et sa voie spirituelle sont une inspiration. Son rayonnement est vraiment un exemple « étincelant ». Merci aussi au « Groupe d'écrivains spontanés » pour l'écoute et le partage de leurs propres écrits et de leurs critiques.

Ma sœur, Heather, est un précieux esprit familial. Pendant toute notre vie, nous avons marché ensemble dans un processus créatif, prenant des tournants affrontant les dragons qui nous tentèrent d'être pratiques. Je suis heureuse de faire avec les mots ce qu'elle fait avec la peinture : l'expression de la beauté dans une ouverture qui invite l'âme à chanter.

Puissent ses poèmes être une bénédiction
Wendy Jean MacLean

Catching Light / Capturé la lumière 1

I Am Ready Now / Je suis prête maintenant 2/3
Like a Moment / Comme un moment. 4/5
Advent Skirt / Robe de l'Avent. 6/7
When Stitching / Lorsque je couds 8/9
In Response to the Damning of the Harlot: Hosea 2 / En
réponse à la damnation 10/11
In the Abbey of St. Benoit du Lac / À l'abbaye de
St-Benoît-du-Lac 12/13
Great Fish / Splendide poisson. 14/15
The Monsters of the Deep Bring Gifts / Les monstres des
profondeurs apportent des présents 16/17
Thatch My Soul / Couvre mon âme de chaume. 18/19
A Pouch of Silence / Un sac de silence 20/21

Earth Fired / Terre brûlée 23

Surprise Me / Surprend-moi. 24/25
Open my Heart / Ouvre mon coeur. 26/27
I Planted Tomatoes / J'ai planté des tomates 28/29
I Like Peas / J'aime les pois 30/31
The Geese Gather / Le regroupement des oies 32/33
God is Off to the Fair / Dieu es parti pour la foire. 34/35
The Mountain and the Hut / La montagne et la hutte 36/37
Little Seed / Petite graine 38/39

Of Stain & Grace / De Souillure et de grâce 41

There are no Hills in Mystic / Il n'y a pas de collines
à Mystic 42/43
The Betrothal: After the painting by Clarence Gagnon /
Les fiançailles : selon la peinture de Clarence Gagnon 44/45
Dream Easy / Rêve aisé 46/47
My Grandfather's Binoculars / Les jumelles de mon
grand-père 48/49
Great Grandma Murphy's Apron / Le tablier de Murphy,
mon arrière-grand-mère 50/51

My Mother Wears Blue in Alaska / Ma mère vêt du
bleu en Alaska 54/55
Angus, My Page / Angus, mon page. 56/57
Chester is Away on the River / Chester est parti sur
la rivière 58/59
To Michel / À Michel. 60/61
Email Lover / Courriel amoureux. 62/63
The House is Still / La maison est calme 64/65

Rock & Sun / Pierre & Soleil **67**

To my African Sisters / À mes sœurs africaines. 68/69
South Africa 1993 / Afrique du Sud 1993 . . . . 70/71
Memories of Avila, Spain / Souvenirs d'Avila, Espagne 72/73
The Dance Cape / La cape de danse 74/75
My Feather / Ma plume. 76/77
Sweeping / Balayage. 78/79
A Perfect Cup of Tea / Une parfaite tasse de thé. 80/81
Comet Hale Bop / Comète Hale Bop 82/83
Old Lady at Lescaux / Vieille dame à Lascaux 84/85

Rough Angel / L'ange écru **87**

Rough Angel / Ange écru. 88/89
For Joan's 70th Birthday / Pour le 70e anniversaire
de Joan. 90/91
Call her Friends to Come for Her / Appelle ses amis de
venir la chercher. 92/93
Sitting with Elaine / Assise avec Elaine. 94/95
My Friend: You Sing / Mon ami : tu chantes. 96/97
Holy Ground / Terre sacrée 98/99
In the Tikanogan / Dans le tikanogan 100/101
Resurrection / Résurrection 102/103
Tomb / Tombe. 104/105
The Butterflies Know Where to Gather / Les papillons
savent où se rassembler. 106/107

Notes. 109

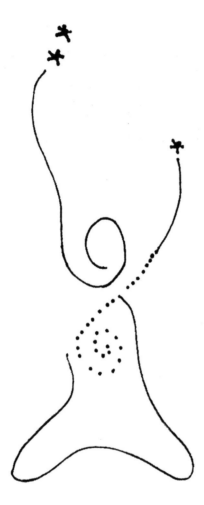

Catching Light / Capturé la lumière

I Am Ready Now / Je suis prête maintenant 2/3

Like a Moment / Comme un moment. 4/5

Advent Skirt / Robe de l'Avent. 6/7

When Stitching / Lorsque je couds 8/9

In Response to the Damning of the Harlot: Hosea 2 / En
réponse à la damnation de la prostituée : Osée 2 . . . . 10/11

In the Abbey of St. Benoit du Lac / À l'Abbaye de
St-Benoît-du-Lac 12/13

Great Fish / Splendide poisson. 14/15

The Monsters of the Deep Bring Gifts / Les monstres des
profondeurs apportent des présents 16/17

Thatch My Soul / Couvre mon âme de chaume. 18/19

A Pouch of Silence / Un sac de silence 20/21

I am Ready Now

I am ready now
The nudging smudging
Peeling stealing
      Stilling
Of my heart
    Says:
    Now

I am ready now
    I trust you
Wash over me
    Tumbling, playing, teasing
Wearing down my hard edges
Till I know the difference
    Between the babbling
And the blessing
    You are my rock
And I am a rounded pebble
    In your everlasting stream

Je suis prête maintenant

Je suis prête maintenant
Le retardement de l'inévitable
L'épluchage, la dérobade
    L'immobilité
De mon cœur
    Dit :
    Maintenant

Je suis prête maintenant
    Je te fais confiance
Nettoie-moi
Culbute, joue, taquine
Érode mes rebords rugueux
Jusqu'à ce que je sache la différence
Entre le balbutiement
Et la bénédiction
    Tu es mon rocher
Et je suis ton caillou rond
Dans ton torrent éternel

Like a Moment

When I pray
I am like a moment
Of life
Suspended
In a teardrop
Suspended
In the moist green thought
Of God
Light catches the edge
And refracts all wisdom
Noise catches the centre
And distracts all stillness
The tear flattens on my face
And I am released
From the hold of prayer
Lines of salt
Re-mind me
Of the taste of God's endless love
On tongue
And cheek

Comme un moment

Lorsque je prie
Je suis comme un moment
De vie
Suspendue
Dans une larme
Suspendue
Dans la pensée imbibée
De Dieu
La lumière capture la lisière
Et réfracte toute la sagesse
Le bruit capture le centre
Et distrait l'immobilité
La larme s'aplatit sur mon visage
Et je suis libérée
De l'attache de la prière
Lignes de sel
R-appelle moi
De la saveur de l'amour sans fin de Dieu
Sur la langue
Et sur la joue

Advent Skirt

In the folds of velvet
Under the wrinkles
Tucked deep into me
   I find you
      Softly
Calling me with your words:
      Follow me.

I smooth my skirt
  And stand up
But before I put on my boots
I take a moment
      To dance
Swirling delight
          Spinning joy
The words you have
     Given me
  Fall to the ground
I kneel down to pick them up
     Flowers grow
Where I find them

Robe de l'Avent

Dans les plis du velours
Sous les plissements
Serrés profondément en moi
    Je te trouve
        Doucement
M'appelant avec tes mots :
      Suis-moi.

Je lisse ma robe
    Et je me lève
Mais avant je chausse mes bottes
Je prends un moment
      Pour danser
  En tourbillons heureux
          De joies enivrantes
Les paroles que tu
      M'as donné
   Tombent sur le sol
Je m'agenouille pour les ramasser
      Les fleurs poussent
Où je les trouve

When Stitching

I am happy
When I am stitching.
My awkward needle
Pulling disparate patches together,
Fury stitched to the most gentle pink,
Storm cloud battened to flannelette,
A quilt to warm dreams
Or soothe howling infant

I am happy
When I am stitching,
My aching thumb and fingers pricked,
Five stitches on my needle
Church ladies would laugh
At my awkward work
Thimbled and bemused
By my longing to sew my story
Into a comforter

Oh! my sisters,
I only want the evenness
Of thread holding together
The stream of thought and ream of words
I only want the noise of question and answer
To find rest
In the softness of cloth
And the joy of colour

Lorsque je couds

Je suis heureuse
Lorsque je couds.
L'aiguille dedans l'aiguille dehors
Maintenant des pièces disparates ensemble,
Cousues avec acharnement avec le plus beau rose
Nuage de tempête emmêlée à la flanelle,
Un courte-pointe pour des rêves chaleureux
Ou pour consoler un enfant hurlant

Je suis heureuse
Lorsque je couds,
Pouce endolori et doigts piqués,
Par cinq coutures de mon aiguille
Les dames de l'église riraient bien
De mon travail maladroit
Escamoté et hébété
Par mon désir à coudre mon histoire
Sur une courte-pointe

Oh! mes sœurs,
Je veux seulement l'égalité
Du chapelet se tenant ensemble
Le courant de pensée et la trame des mots
Je veux seulement le son des questions et des réponses
Afin de trouver le repos
Sur la douceur du tissu
Et la joie des couleurs.

In Response to the Damning of the Harlot : Hosea 2

If you hedge my way
            with thorns
I will use my stinging fingers
        to make a crown
        to wear at the cross
where I met the one who wore it first
If you take away your wool and flax
        no cloth will be spun
        no seams will be sewn
    And you will be the one
    whose nakedness brings shame.

If you put an end to my mirth
my festivals, my new moons, my Sabbaths
    Who will worship you?
Is the glare of the unrelenting sun
    a better way to light your altars?
            Who will sing of you?
I know the glint of joy
    as a nightlight by the cradle
        of your children.

If you lay waste my vines and my fig trees
        my cup will be empty
    at the communion feast
My table unwelcome
to the stranger who comes
        in the crown of thorns
        the robe of mercy
        the oil of gladness.
Surely, my Lord,
Your tenderness includes
        the woman
Who embodies your grace
        with warm flesh
        and naked trust.

En réponse à la damnation de la prostituée : Osée 2

Si tu barres mon chemin
 avec des épines
J'utiliserai mes doigts blessés
 à faire une couronne
  pour porter à la croix
où j'ai rencontré celui qui la coiffa en premier
Si tu enlèves ta laine et ton lin
Tu ne trouveras aucun vêtement
 filé sans couture
  et tu seras celui
Dont la nudité entraîne la honte.

Si tu mets une fin à ma joie
Mes festivals, mes nouvelles lunes, mes sabbats
  Qui te louangera?
Est-ce par l'éclat du soleil implacable
une façon meilleure d'éclairer tes autels?
  Qui chantera pour toi?
Je connais le reflet de la joie
comme la lueur de la nuit sur le berceau
  de vos enfants.

Si tu abats pour jeter mes vignes et mes figuiers
  ma tasse sera vide
   pour la fête de la communion
Ma table sera non invitante
pour l'étranger qui vient
  avec la couronne d'épines
  la robe de miséricorde
  l'huile de joie.
Sûrement, mon Seigneur,
Ta tendresse inclut
  la femme
Qui incarne la grâce
  dans une chair chaleureuse
  et dans une confiance crûe.

In the Abbey of St. Benoit du Lac

I stand
In the ribcage of God
Gothic beam after beam
        holding me
        as the heart
In the very centre of the sanctuary

I pulse alive with the love of you
        home of my spirit
Chambered and auricled
        in the muscle
Of your creative will

  Great loving God
Builder and carpenter
    in truss and beam
You frame the cross
Sturdy enough to hold
        a lifeless body
Dovetailed joints
    for broken hearts
Strong enough
        to withstand
                and stand with
Thief and beggar
        and me
                Even me

À l'abbaye de St-Benoît-du-Lac

Je suis debout
Dans la cage thoracique de Dieu
Poutres après poutres gothiques
me maintiennent
comme un cœur
Au beau milieu du sanctuaire.

Je palpite de vie avec ton amour
demeure de mon esprit
Compartimenté et auriculé
dans le muscle
De ta volonté créative

Grand Dieu aimant
Bâtisseur et charpentier
par l'armature et les poutres
Tu montes la croix
Assez robuste pour maintenir
un corps sans vie
En joints assemblés
pour les cœurs brisés
assez forts
Pour résister
et se tenir avec
des voleurs
Et des mendiants
et moi
Même moi.

Great Fish

Quick silver flash of light
Stirring the waters
    Great Fish
Food for the soul
        Caught in the net
            Of my broken life

Healer of the world
Beloved Swimmer
    Crossing worlds
From the depths of the sea
    To my table.

Great Fish: do you remember?
Splashing, diving into darkness
Parting moonlight, breaking the waters
    Carrying me to the depths
Where I am caught and tangled
In coral reef and kelp forest

Great Fish – you catch me.
Together we swim as one
    Our name is written
        In dust, in the sand
A cross, a few letters
To tell the world
 We belong
    Fish and fishers
        Of men and dreams

Splendide poisson

Rapide éclair argenté de lumière
Remuant les eaux
      Splendide poisson
Nourriture de l'âme
          Capturé dans le filet
             De ma vie brisée

Guérisseur de l'univers
Nageur bien-aimé
      En croisant les univers
Des profondeurs de la mer
      Vers ma table.

Splendide poisson : te souviens-tu?
Éclaboussant, plongeant dans la noirceur
Rompant le clair de lune, brisant les eaux
      Portes-moi vers les profondeurs
Où je suis prise et enchevêtrée
Dans les récifs coraux et les forêts de varechs

Splendide poisson, tu m'attrapes
Ensemble nous nageons comme un
      Nos noms sont écrits
          Dans la poussière, dans le sable
Une croix, quelques lettres
Pour dire à l'univers
  Nous appartenons
Aux poissons et aux pêcheurs
      D'hommes et de rêves.

The Monsters of the Deep Bring Gifts

Into the pool
I toss the wayward pebble
Disturbing the waters
    No angel touch
No shimmering joy moves me
In this confusion of ripples and shame
        Life after life after life

The creatures of the sea
Come seeking
The one who is born to save

Leviathan and Behemoth and Tiamat
Come to the cradle bearing fin and scale
    They find the babe
In the sanctum of the inner shell
These kings find the child resting
In the smoothed and worn room
    Of the nautilus
In the arms of the mother of pearl

The monsters of the deep bring gifts:
The shadow, the fear, the anger
    Offered to the one
    Who will take them
    And turn them
To gold and sweet fragrance, fine oil
For the lamps of sailors and their brides
Who wait as I wait
This day – this night
    In the stillness
Of the depths of saltwater
    In the womb
That holds the earth's tears
And the world's salvation

Les monstres des profondeurs apportent des présents

Dans la mare
Je lance le capricieux caillou
Troublant les eaux
    Pas de touche angélique
Pas de joie chatoyante ne m'émeut
Dans cette confusion de murmures et de honte
       De vie après vie après vie

Les créatures de la mer
Viennent rechercher
Celui qui est né pour sauver

Léviathan et Bestial et Tortueux
Viennent au berceau portant des nageoires et des écailles
    Ils trouvent le bébé
Dans le sanctuaire de l'intérieur du coquillage
Ces rois trouvent l'enfant se reposant
Dans la pièce polie et usée
      De la coquille nautile
Dans les bras de la mère de perle

Les monstres des profondeurs apportent des cadeaux :
L'obscurité, la peur, la colère
    Offertes à celui
    Qui les portera
    Les transformera
En or et en parfum doux, en huile fine
Pour les lanternes des marins et de leurs fiancés
Qui attendent comme j'attends
Ce jour, cette nuit
    Dans l'immobilité
Des profondeurs de l'eau marine
      Dans le sein
Qui contient les pleurs de la terre
Et le salut de l'univers

Thatch my Soul

Thatch my soul with light
To make a lasting roof
For this hushed house
Of my heart's silent prayer

Through the window
I will see the rain
Filling puddles with questions
The conversations of earth and sky
       But in my house
In the worded swirl of meal and grace
I will be dry and safe

Couvre mon âme de chaume

Chaume mon âme de lumière
Afin de faire un toit durable
Car cette demeure paisible sera
Pour mon cœur une prière silencieuse

À travers la fenêtre
Je verrai la pluie
Remplissant des mares de questions
Des conversations de terre et de ciel
     Mais dans ma demeure
Parmi les tourbillons de questions
De repas et de bénédictions
Je serai au sec et en sûreté

A Pouch of Silence

I have a pouch of silence
    In my pocket
Filled with marbles:
Cats eyes and milky glass moments
      Wait.
  I take them out
And admire my treasure.
I don't even know how to play
But I love the colours
  And that is enough
    For a pouch
That reminds me
    To be still.

Un sac de silence

J'ai un sac de silence
  Dans ma poche
Rempli de billes :
Des instants d'œil-de-chat et de verres marbrés
  Attendent.
  Je les sors
  Et j'admire mon trésor.
Je ne sais pas même comment jouer
  Mais j'aime les couleurs
  Et cela est suffisant
    Pour un sac
  Qui me rappelle
  D'être paisible.

Earth Fired / Terre brûlée

Surprise Me / Surprend-moi. 24/25

Open my Heart / Ouvre mon cœur. 26/27

Planted Tomatoes / J'ai planté des tomates. 28/29

I Like Peas / J'aime les pois 30/31

The Geese Gather / Le regroupement des oies 32/33

God is Off to the Fair / Dieu es parti pour la foire. 34/35

The Mountain and the Hut / La montagne et la hutte 36/37

Little Seed / Petite graine 38/39

Surprise Me

Bright warble
　of light
Flicker wing
　of joy
Surprise me
　　in my garden
　　Aerate the darkness
Pulse the clods of unbroken clay
　　　so they open
With the green of you
Sprouting in my hardened heart
　　Made new
　by spring rains
and the light of you

Great cardinal boast
　of blue-blissed day
From nubile branches
　of flowering trees
　　Awaken me
Laugh birdsong into my heart
　　So I too sing
　　of all the joy
　　that is rising
With each shy stem
Opening with the heart leaves
　　of new growth

Surprend-moi

Roucoulement scintillant
    de lumière
Aile battante
    de joie
Surprend-moi
    dans mon jardin
    Aère la noirceur
Bat les mottes de terre non labourées
    afin d'ouvrir
  De votre verdure
Germant dans mon cœur endurci
    Renouvelé
  par les pluies printanières
et par votre lumière

Grand cardinal enorgueilli
  de journées bleues joyeuses
Parmi les branches nubiles
    d'arbres en fleur
      Éveille-moi
Chant d'oiseaux rit dans mon cœur
Pour que je chante aussi
    toute la joie
    qui s'élève
Par chaque petite pousse
S'ouvrant avec des feuilles en cœur
  de la nouvelle croissance

Open my Heart

Open my heart,
Apples, pears, raspberries
To a summer day
Shining in the fields
     Of blessing

Fruit of the spirit: come
All my friends will be there:
Squash, pumpkin, zucchini,
     Ripe for a party

Let's feast
Remembering the empty fields of spring
And the laden tables of September
In the mean-time,
     Let's have a good time

Ouvre mon cœur

Ouvre mon cœur,
Pommes, poires, framboises
Vers une journée ensoleillée
Éclatante de bénédiction
    Dans les champs

Fruit de l'esprit venez
Tous mes amis seront là :
Courge, citrouille, courgette,
    Mûries pour la fête

Fêtons
En nous rappelant les champs vides du printemps
Et les tables pleines de septembre
D'ici là
    Ayons du bon temps

I Planted Tomatoes

I planted tomatoes.
Pinching them
from their plastic pots
I placed them in my new garden.
It was late for starting
and they were on sale
(verging on scrawny from their waiting
to be in the earth)

I dreamed of salsa
        and chili sauce
                and salad with basil
 as they grew
        and grew and grew
tangling with each other
falling over and back into earth
        bent heavy with leaves
        and branches
 competing for earth
 and sun and rain

My garden reproaches me:
Why did you forget
        that before the fruit
                comes the green
of reaching and spreading?

Leave space for us to reach out
        without being cramped
                by September
and tomorrow's hunger
        for harvest

We must grow out
before we grow up
before we are ready
for your table

J'ai planté des tomates

J'ai planté des tomates les sortant
De leurs pots de plastique
Je les place dans mon nouveau jardin
    Ce fut tard pour débuter
Et puis elles étaient en vente
        (penchées, longues et maigres
    attendant impatiemment
          D'être mises en terre.)

Je rêvais de salsa
    Et de sauce piment
        Et de salades avec basilic
Pendant qu'elles croissaient
Et croissaient et croissaient
    S'entrelaçant
S'inclinant et retombant sur terre
Pliées par de lourdes feuilles
    Et de lourdes branches
Se disputant pour la terre
    Le soleil et la pluie

Mon jardin me reproche :
Pourquoi as-tu oublié ?
    Avant que le fruit
    Vienne le vert doit grandir
        Et se répandre

Laisse-nous de l'espace pour ramifier
Pour ne pas être resserré
    Avant septembre
Car la famine adviendra
    Pour la récolte

Nous devons agrandir
Avant de grandir
Avant d'être prêtes
Pour ta table.

I Like Peas

i like peas
because they are
dicotyledonous
two perfect halves
with one tight skin
and sometimes
a little sprout
starting
between them

don't scold me
for playing with my dinner
how else
will I learn
about Eternity?

J'aime les pois

J'aime les pois
Parce qu'ils sont
Dicotylédones
Deux parfaites moitiés
Avec une peau serrée
Et parfois
Un petit germe
Commençant
Entre eux

Ne me grondez pas
De jouer avec mon souper
Sinon
Comment vais-je apprendre
À propos de l'Éternité?

The Geese Gather

The geese gather in the fields
            By the penitentiary
Their great wings of freedom
            Find solace and nurture
            In the tilled earth
And they rest

Fly! I tell them. Go South!
            Winter is coming
    And you have far to go
The geese look up, surprised
            At my scolding
They are in no hurry to fly

        All they know
        At this moment
Is the satisfaction
    Of this field, these bugs, these seeds
            Winter will come
    Whether they fly today
            Or tomorrow

Wild geese, Spirit's visitors
            Remind me:
The earth will feed me too
If I stop
            Long enough
            To eat
If I stop waiting
            For my feet
                To become wings

Le regroupement des oies

Les oies se regroupent dans les champs
Près du pénitencier
Leurs longues ailes de liberté s'arrêtent
Pour trouver le soulagement et la nourriture
Sur la terre labourée.
Et elles se reposent

Volée! Je leur dis. Allez vers le Sud!
L'hiver approche
Et vous avez un long parcours
Les oies regardent, surprises
De mes cries
Elles ne sont pas pressées de s'envoler.

Elles savent tous
À cet instant
Que la satisfaction est
Dans ce champs, ces insectes, ces graines.
L'hiver viendra
Qu'elles s'envolent aujourd'hui
Ou demain.

Oies sauvages, Esprits visiteurs
Rappelle-moi :
La terre me nourrira aussi
Si j'arrête
Assez longtemps
Pour manger
Si j'arrête pour attendre
Que mes pieds
Deviennent des ailes.

God is Off to the Fair

God is off to Brome Fair
To judge the squash
And taste the pies
To ride the midway
And examine the handiwork.

Our Saviour teaches us:
"Judge not, that you be not judged."
But is that a twinkle in God's eye
When she returns
With a red ribbon?
"My work is the best," she said

Dieu est parti pour la foire

Dieu est parti pour la foire de Brome
Pour juger les courges
Et déguster les tartes
Pour monter les manèges
Et examiner les artisanats.

Notre Sauveur nous enseigne :
« Ne jugez pas, pour ne pas être jugé, »
Mais n'est-ce pas un clin d'œil de Dieu
Lorsqu'elle revient
Avec un ruban rouge?
« Mon travail est le meilleur, » dit-elle.

The Mountain and the Hut

Walking the path
I turn and turn again
And yet again
Until I come to the place
    I started
Again and again and again.

I recognize the gnarled arms
    Of the tree
That I assumed points the way

I make this mistake
So many times
I think I am climbing
    Until I see the hut again.

After many attempts
I see there are people
Sitting out at the hut
    I am embarrassed
At my circling foolishness
(They might be laughing at me)

But they call out
For me to join them for a visit.

I continue to climb the mountain
Year after year after year
Each time I visit my friends in the hut

Until one year I realize
I am not going to climb the mountain
My destination is the hut
And my friends

They rejoice when I tell them
I have come to see them
    Not the mountain
"Finally," they say, "You understand."

La montagne et la hutte

Parcourant le sentier
Je tourne et je tourne encore
Et puis encore
Jusqu'à ce que j'arrive à l'endroit
Où j'ai commencé
Encore et encore et encore.

Je reconnais les branches noueuses
Dont j'imagine
Elles indiquent la direction.

Je fais cette erreur
Tellement de fois
Je crois que je monte
Jusqu'à ce que je vois encore la hutte.

Après plusieurs tentatives
Je vois qu'il y a des gens
Assis à l'extérieur de la hutte
            Je suis embarrassée
De mon étourderie à tourner en rond
(Ils pourraient rire de moi)

Mais ils m'appellent
Et je les rejoins pour une visite.

Je continue à monter la montagne
Année après année après année
Chaque fois je visite les amis de la hutte.

Jusqu'à l'année où je décide
Que je ne monterai plus la montagne
Ma destination est la hutte
Et mes amis.

Ils se réjouissent lorsque je dis
Que je suis venue pour les voir
            Non la montagne
«Finalement,» ils disent, «Tu comprends. »

Little Seed

Little seed
I bent over to plant you.
I remember
How hard you were
In the soft earth.

You grew
Leaves like butterfly wings.
They lift you to the sun
As you flower.

You remind me
To take my eyes from the earth.
The sky is bending over
To plant me.

Do you remember
My hands holding you
And the promise we made
To grow ?

Petite graine

Petite graine
Je me penche pour te planter.
Je me souviens
Comme tu étais dure
Dans la terre molle.

Tu as grandi
Les feuilles comme les ailes de papillons.
Elles t'ont élevé vers le soleil
Pendant que tu fleuris.

Tu me rappelles
D'élever mes yeux de la terre.
Le ciel s'est penché
Pour me planter.

Te rappelles-tu
Mes mains te maintenant
Et la promesse que nous avons faites
De croître ?

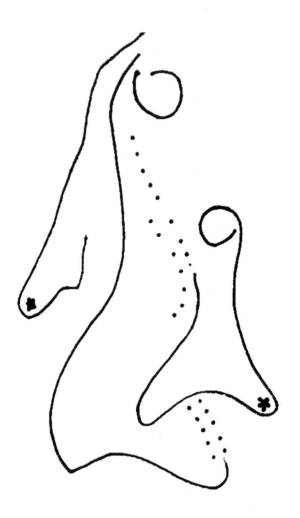

Of Stain & Grace / De Souillure et de grâce

There are no Hills in Mystic / Il n'y a pas de collines
à Mystic 42/43

The Betrothal: After the painting by Clarence Gagnon /
Les fiançailles selon la peinture de Clarence Gagnon 44/45

Dream Easy / Rêve aisé 46/47

My Grandfather's Binoculars / Jumelles de mon
grand-père 48/49

Great Grandma Murphy's Apron / Le tablier de Murphy,
mon arrière-grand-mère 50/51

My Mother Wears Blue in Alaska / Ma mère vêt du bleu
en Alaska 54/55

Angus, My Page / Angus, mon page 56/57

Chester is Away on the River / Chester est parti sur la
rivière 58/59

To Michel / À Michel 60/61

Email Lover / Courriel amoureux 62/63

The House is Still / La maison est calme 64/65

There are no Hills in Mystic

There are no hills in Mystic
Nowhere to build a home
And so we'll have to find our place
In dance, in song, in poem

There are no hills in Mystic
No gentle rolling slope
And so we'll have to build our house
In peace, in prayer, in hope

There are no hills in Mystic
Just trees that stretch above
And so we'll have to find our way
In sky, in earth, in love

Il n'y a pas de collines à Mystic

Il n'y a pas de collines à Mystic
Nulle part pour bâtir notre demeure
Et ainsi nous devrons trouver notre endroit
En danse, en chanson, en poème

Il n'y a pas de collines à Mystic
Pas de douce pente roulante
Et ainsi nous devrons bâtir notre maison
En paix, en prière, en espérance

Il n'y a pas de collines à Mystic
Seulement des arbres qui s'étirent au-dessus
Et ainsi nous devrons trouver notre sens
Au ciel, sur terre, en amour

The Betrothal : After the painting by Clarence Gagnon

The mountains know the secrets
Of grey waiting to be blue
To be gold—to be day
Enfolded in the voice—the call hovers
Still a whisper growing green
    In field flowers
    For the beloved

Even the tiniest flowers
Wait for morning
    When the woman
Will come to pick them
To make her table ready
    For dinner
For hearts of prayer
In the grace of love shared
Show me—tell me—remember for me
    The words, the story
    Speak into knowing
The rooms of the house
The walls hung with pictures
The table ready for dinner
    The home
For hearts
    The grace
Of prayer
    The love shared
Waiting to be blue
To be gold—to be day
    This day
    Everyday

She laughs when her lover comes
He has already picked a bouquet
To make her heart ready

Les fiançailles: selon la peinture de Clarence Gagnon

Les montagnes savent les secrets
Du gris attendant d'être bleu
    D'être doré—d'être jour
Enveloppé dans la voix—l'appel plane
Encore un soupir verdissant
Dans les champs de fleurs
    Pour le bien-aimé

Même les plus petites fleurs
    Attendent le matin
Lorsque la femme
    Viendra les cueillir
Afin que la table soit prête
    Pour le dîner
   Pour les cœurs pieux
Dans la grâce de l'amour partagé
Montre-moi—dis-moi—souviens-toi de moi
    Les mots, l'histoire
    Parle vers la connaissance
Les pièces de la maison
Les murs ont des photos accrochées
La table est prête pour le dîner
    La demeure
Pour les cœurs
    Dans la grâce
De la prière
    L'amour partagé
Attendant d'être bleu
D'être doré—d'être jour
    Ce jour
    Tous les jours

Elle rit quand son amoureux arrive
Il a déjà choisi un bouquet
Afin que son cœur soit prêt

Dream Easy

You can't stop me
from listening to the rocks
as I scramble up the beach
     looking for whelks
as I gather wood
   for cooking

     I stop:
I stoop to listen
to the stories of rocks
rounded tossed shaped
by millennia
     of storm and shore

I work hard all day
keeping my home
    a wee bit cot
smoky and sae puir (so poor)
I wait for my babies:
Another one for the earth.
I stir my tears into the thin broth

In a moment of freedom
I go to the shore
and listen to the rocks.
They tell their story. I am caught
in the tumbling wave
and rumbling emptiness.
     Caught and held
     for a moment
A grace-filled basket-held moment.
     I cry hard
A wind-blown spirit song sung
   Into eternity
      I dream easy with pen and journal
      I hear the music
And answer the blessing
With thanksgiving
  And stone sculpture

Rêve aisé

Vous ne pouvez m'arrêter
    D'écouter les roches
Durant que je monte vers la plage
    Cherchant des buccins
Pendant que je groupe le bois
Pour la cuisson

    J'arrête :
Je me courbe pour écouter
aux histoires des roches
aux formes arrondies ballottées
    par des millénaires
de tempête et de rivage

Je travaille dur toute la journée
à garder ma demeure
    un tout petit peu douillet
enfumé et si pauvre
J'attends mes bébés :
Un autre pour la terre.
Je remue mes larmes dans le potage dilué.

Durant un moment de liberté
Je vais vers la plage
et j'écoute les roches.
Elles me racontent leurs histoires. Je suis prise
par les vagues tombantes
et le vide grondant.
    Prise et maintenue
    durant un moment
Un moment dans un panier maintenu plein de grâce.
    Je pleure fort
Un chant de vent soufflant d'esprit chantant
    Vers l'éternité
    Je rêve facilement avec un stylo et un journal
    J'entends la musique
Et je réponds à la bénédiction
Avec remerciement
    Et sculpte la roche

My Grandfather's Binoculars

They are dusty now
my grandfather's binoculars
I have left them hanging
        as a decoration
on my bookshelf

    I remember trying to see
but with no time to focus
one tree looks like another
The lenses confuse me
        One eye sees
The other complains

    The birds have flown
long before I find where to look
        I hear them
But that is not enough for me now

        It is time to look again

Time to find peace with the two stories
        the eyes tell
Time to bring together
        the silent years
        the myths told
Time to enjoy the sparrows and grackles
and forgive the flashing wings
        that don't wait
    for me to understand
        before they fly

Les jumelles de mon grand-père

Elles sont poussiéreuses maintenant
les jumelles de mon grand-père
Je les ai laissé accrocher
        comme une décoration
sur mon étagère à livres.

Je me souviens d'essayer de voir
mais sans avoir le temps d'ajuster le foyer
un arbre semble pareil comme un autre
Les lentilles me rendent confuses
        Un œil voit
L'autre se lamente

        Les oiseaux se sont envolés
bien avant que je trouve l'endroit où regarder
        Je les entends
Mais ce n'est pas assez pour moi maintenant.

        C'est le temps de regarder encore.

Le temps de trouver la paix avec les deux histoires
        les yeux disent.
C'est le temps de joindre
        les années silencieuses
        les mythes racontés
Le temps de jouir des moineaux et des hirondelles
et de pardonner leurs ailes reluisantes
        qui ne m'attendent pas
        pour comprendre
avant qu'elles s'envolent.

Great Grandma Murphy's Apron

Grandma Murphy
Wore a big white apron
She knit sensible socks
    And warm mittens

She didn't like our noise
So she would go upstairs
    To her own parlor
Did she have her own world
  Or was it the emptiness
    She craved?

Her apron was large enough
    For babies
But young girls with questions
Could never find refuge
    In her arms or folds
Of starched white cloth

The young girl who wanted brushes
For painting, not scrubbing
    Was seen and not heard
In the polite welcome to the hushed parlor

The woodshed loft kept the sable brushes
  In trunks Aunt Abigail didn't want
    They were left there
So one generation would never paint
    The other

Ethel's red taffeta bonnet
    Was packed long away
Red bows and lace gave way
To wool stockings and good shoes

Le tablier de Murphy, mon arrière-grand-mère

Grand-mère Murphy
Portait un grand tablier blanc
Elle tricotait des longs bas
Et des mitaines chaudes

Elle n'aimait pas le bruit
Ainsi elle montait en-haut
À son petit salon
Avait-elle son propre univers
Ou était-ce la solitude
Qu'elle recherchait?

Son tablier était assez large
Pour les bébés
Mais les jeunes filles curieuses
Ne pouvaient trouver refuge
Dans ses bras ou les replis
Du vêtement blanc et empesé

La jeune fille qui voulait des pinceaux
Pour peindre, pas pour frotter
Était entrevue et non entendue
Dans un accueil poli dans le salon silencieux

Le remise en bois du grenier gardait les pinceaux
Dans les coffres que tante Abigail ne voulaient pas
Ils étaient laissés là
Pour qu'ainsi une génération ne puisse peindre
l'autre

Le bonnet rouge en taffetas d'Ethel
Était enveloppé pendant longtemps
Les rubans rouges et les dentelles furent remplacés
par des bas de laine et de bons souliers

But winter can't take away
    The memory of lace
Field flowers and leaf-dappled sighs
Remember the rustle of petticoat
    And tatting on bloomers
Black-bonnet prayers
And stiff-backed missals
Can tame the hands
But not the heart

But now I ask you,
    Grandma Ethel:
When did your dreams
    Get waylaid
In the second-floor parlor?

My doll wears the red taffeta dress you made
And my missal was eaten by the dog
Will my dreams be stilled too?
    And climb the stairs
  To the still-needled room
Of the winter-wrinkled old woman?

Is it Canada that took the softness
And corseted your dreams?
    Was it the loneliness
Of cleared land and empty cradles
That kept your grandmother
From tucking you
Under her apron?

My grandmother
I long to give you brushes
    To paint your longing
      Into freedom
Instead I read your journals
And paint the stories
    Between the lines

Mais l'hiver ne peut m'enlever
Le souvenir des champs
De dentelles fleuries
Des feuilles colorées
Souviens-toi le bruissement du jupon
Et la frivolité sur la culotte bouffante
Les bonnets noirs pour les prières
Et les missels aux dures couvertures

Peuvent apprivoiser les mains
Mais pas le cœur

Mais maintenant, je vous demande
        Grand-maman Ethel :
Quand vos rêves
            vous ont-ils accroché
Dans le petit salon du second étage?

Mes poupées portent une robe de taffetas rouge que vous avez fait
Et mon missel fut mangé par le chien
Mes rêves seront-ils aussi accrochés?
        Et monter les escaliers
    À la paisible pièce de couture
De la vieille femme ridée par l'hiver

Est-ce le Canada qui a volé la douceur
Et corseté vos rêves?
                Était-ce la solitude
des terres vierges et des berceaux vides
Qui garda votre grand-mère
De vous border
sous son tablier?

Ma grand-mère
Je désire vous donner des pinceaux
Pour peindre vos langueurs
            Vers une libération
Au lieu je lis vos journaux intimes
Et je peins les histoires
            Entre les lignes

My Mother Wears Blue in Alaska

My mother wears blue in Alaska
    The colour of glaciers
And her eyes hold the song-stirred light
Of morning remembering stars
    And the upheaval of creation

My mother is not afraid of wrinkles
They tell the age of mountains
    With their stories
That line the face of the earth

My mother knows their beauty.
She knows the songs of small birds
    And the history of trees
The forests welcome her each spring
    With their turning and changing

This glacier broods over pools
    Deeper than tears
The ice has waited
And shifted and gathered
Till it becomes blue
    Like eyes of love
In my mother's face

Ma mère vêt du bleu en Alaska

Ma mère vêt du bleu en Alaska
        La couleur des glaciers
Et ses yeux saisissent la lumière chantante
Des matins aux souvenirs étoilés
        Et l'agitation de la création

Ma mère n'a pas peur des rides
Elles révèlent l'âge des montagnes
        Avec leurs histoires
Qui couvrent la surface de la terre

Ma mère connaît leur beauté.
Elle sait les chants des petits oiseaux
        Et l'histoire des arbres
Les forêts l'accueillent à chaque printemps
Par leurs retournements et leurs changements

Ce glacier niche au-dessus des eaux
        Plus profond que les larmes
La glace a attendu
Et alterné et accumulé
Jusqu'à ce qu'elle devienne bleue
        Comme les yeux de l'amour
Du visage de ma mère

Angus, My Page

Angus, my page
Turning each day into a poem
A book unwritten
Verses yet to rhyme
        Angus, my page
        A moment in time

Angus, my page
Delivering the notes of grace
From one hand to another
I heard the stars singing before your birth
        And now, you sing
        Your own song
A letter from the earth
A memo from the heart
        Dear Angus,
        My fine one

Angus, my page
Story child of golden dream:
From birth the poems of life
Have whispered their delight
In the pages
Of the book you are creating
        In each moment
        Of your becoming

Angus, mon page

Angus, mon page
Transformant chaque jour en un poème
Un livre vierge
Aux versets encore à rimer
     Angus, mon page
     Un passage dans le temps

Angus, mon page
Distribuant les minutes de grâce
D'une main à une autre
J'ai entendu les étoiles chantées avant ta naissance
     Et maintenant, tu chantes
     Ta propre chanson
Une lettre de la terre
Une note dans le cœur
     Cher Angus,
     Mon âme précieuse

Angus, mon page
Enfant d'histoire au rêve doré :
De la naissance, les poèmes de la vie
Ont chuchoté leur délice
Dans les pages
Du livre que tu crées
     À chaque instant
     De ton devenir

Chester is Away on the River

Chester is away on the river
Old Soul: what dreams are awakened
In the wake of your canoe?
   What rhythm stirs you
As you paddle the old waters
And chase the demons
      In the rapids?
What night stories visit you
At the end of day?

My precious son:
In the depth of soul
      The child plays—
Building and arranging
The blocks of days and years
Into a life of beauty
With gentle kindness
      And laughter
As the tent roof
   Under the stars
Of your young heart

Chester est parti sur la rivière

Chester est parti sur la rivière
Vieil Âme : quels rêves se sont éveillés
Dans le sillage de ton canoë ?
  Quel rythme te meut
Pendant que tu pagaies
Et que tu pourchasses les démons
      Dans les rapides ?
Quelle histoire nocturne t'a visité
À la fin de la journée ?

Mon précieux fils :
Dans la profondeur de ton âme
      L'enfant joue
Bâtissant et arrangeant
Les blocs des journées et des années
Vers une vie de beauté
Par de douce bonté
      Et de rire
Comme le toit d'une tente
  Sous les étoiles
De ton jeune cœur

To Michel

You trace the lines
on my hand
like a mystic
walking the labyrinth
following life and fortune
as they make a path
to the heart
in the centre
of prayer

I take your hand
Our fingers interlaced
complete the circle
we have walked separately
We are one
walking together
and apart and together

À Michel

Tu traces des lignes
Sur ma main
Comme un mystique
Qui marche le labyrinthe
En poursuivant la vie et la fortune
Pendant qu'elles tracent le sentier
Vers le cœur
Dans le centre
De prière

Je prends ta main
Nos doigts s'entrelacent
Complétant le cercle
Nous avons marché séparément
Nous somme un
Marchant ensemble
Et séparément et ensemble

Email Lover

right click
    left click
which side of the sky
holds the secrets
    of the universe?

right click left click
    forever
I don't know click
will we be attachments
in the cosmos?
a great love story
waiting for someone to open us
won't they be surprised
when we dance out of the keyboard
    two stars
right click left click
kicking up our heels

    we are digital:
ten fingers interlaced
with comets and planets
right click left click
holding hands
of the clock
because, my love
the hands still point to
where the heart keeps time
right click left click
tick tick tick...talk

Courriel amoureux

Clic à droite clic à gauche
Quel côté du ciel
Tient les secrets
      De l'univers?

Clic à droite clic à gauche
Pour toujours
Je ne vais pas cliquer
Y aura-t-il des insertions
Dans le cosmos?
Une grande histoire d'amour
Qui attend quelqu'un pour nous ouvrir
Ne seront-t-ils pas surpris
Lorsque nous danserons hors du clavier
      Deux étoiles
Clic à droite clic à gauche
Bondissant de nos semelles

      Nous sommes numériques :
Dix doigts entrelacés
parmi les comètes et les planètes
Clic à droite clic à gauche
Tenant les mains
Hors de l'horloge
Parce que, mon amour
Les mains demeurent pointées
vers le cœur qui garde le temps
Clic à droite clic à gauche
Clic, clic, clic…clock

The House is Still

The house is still
Dog and man snore
Great delicious breaths
Of night and spirit
Sleeping and keeping
    Soul and body

I am awake
Senses sharp
         Mind active
Heart trolling quiet waters
Waiting for the tug
    At my line
That signals: fish or dream
Both illusive silvery flashes
    In night rivers
And my restless bed

La Maison est calme

La maison est calme
Le chien et l'homme ronflent
De profonds et savoureux souffles
De la nuit et de l'esprit
Qui endorment et qui protègent
        L'âme et le corps

Je suis éveillée
        Les sens aiguisés
                L'imagination active
Le cœur leurrant des eaux tranquilles
Attendant le signe
        Sur la ligne
Qui tend : le poisson ou le rêve
Tous deux éclairs argentés et illusoires
        Sur les rivières nocturnes
Et sur le lit agité

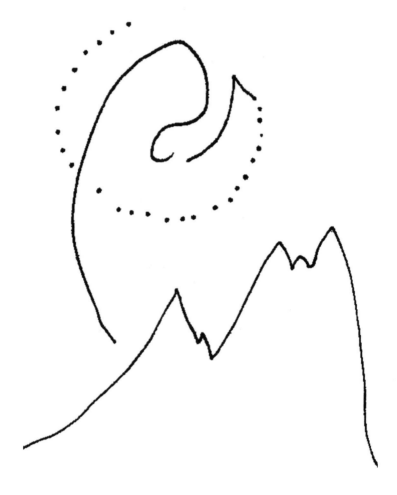

Rock & Sun / Pierre & Soleil

To my African Sisters / À mes sœurs africaines. 68/69

South Africa 1993 / Afrique du Sud 1993 . . . . 70/71

Memories of Avila, Spain / Souvenirs d'Avila, Espagne 72/73

The Dance Cape / La cape de danse 74/75

My Feather / Ma plume. 76/77

Sweeping / Balayage. 78/79

A Perfect Cup of Tea / Une parfaite tasse de thé. 80/81

Comet Hale Bop / Comète Hale Bop 82/83

Old Lady at Lescaux / Vieille dame à Lascaux 84/85

To my African Sisters

It's not my politics
That let me speak
To you

It's because we both
Have coarse thick hair
I think I'm fat
You think I'm luscious
I like the way you dance
And you like the way
You make me laugh
Because we both
Laugh together

It's not my politics
That let me speak to you
It's because we both
Like babies
But
Maybe...
That is our politics

À mes sœurs africaines

Ce n'est pas ma politique
Qui me fait parler
À toi

C'est parce que nous deux
Avons des cheveux drus
Je pense que je suis grosse
Tu penses que je suis voluptueuse
J'aime la façon dont tu danses
Et tu aimes la façon
Dont tu me fais rire
Parce que nous deux
Rions ensemble

Ce n'est pas ma politique
Qui me fait parler
C'est parce que nous deux
Aimons les bébés
Mais
Peut-être…
C'est notre politique

South Africa 1993

The earth here
Is like a married woman
Possessed and domesticated
She works
Her fields watered by windmills
Wrought by the hands of men
She produces
Her bounty in season
Grapes, peaches, apples
To be ready for the wine
She makes
And keeps in the pantry
Where she hangs her apron

Rivers
Like stretch marks across her belly
Show the times of her life
The mountains
Record her labour pains
They stand in the dusk
And remember:
The gravel of a million years
A million children kneeling
For the blessing of the patriarchs

You mountains
Are the children
Of the mother
Stand still and listen to her cries:
Change will not be easy
Remember
What cataclysm brought you to creation

Afrique du Sud 1993

La terre ici
Est comme une femme mariée
Possédée et domestiquée
Elle travaille
Ses champs sont arrosés par des moulins à vent
Forgé par les mains d'hommes
Elle produit
Sa générosité en saison
Raisins, pêches, pommes
Pour être prêts pour le vin
Elle le fait
Et elle le garde dans sa dépense
Où elle accroche son tablier

Les rivières
Comme des marques étirées à travers son ventre
Montrent les périodes de sa vie
Les montagnes
Enregistrent les douleurs de son labeur
Elles se tiennent dans l'obscurité
Et elles se rappellent :
Le gravier d'un million d'années
Un million d'enfants agenouillés
Pour la bénédiction des patriarches

Vous, les montagnes,
Êtes les enfants
De la mère
Arrêtez-vous et écoutez leurs cris :
La transformation ne sera pas facile
Rappelez-vous
Quel cataclysme entraîna votre création

Memories of Avila, Spain

"Washrooms to your left,
Relics to your right."
The guide pointed our way
At the shrine to Saint Theresa
Take your pick: body or soul
      I chose the relics on the right
And saw another finger pointing
      There amongst shoes
And other ragged old cloths
From the humble belongings
Of the long dead Saint,
      Her lone finger stood
Withered and aging
Reminding me
      Not of the Spirit
      But of the flesh

Souvenirs d'Avila, Espagne

« Toilettes à votre gauche,
                    Reliques à votre droite ».
Le guide pointait notre direction
Vers le tombeau de Sainte Thérèse
Choisissez : le corps ou l'âme
                    J'ai choisi les reliques à la droite
Et j'ai vu un autre doigt pointé
                    Là parmi les souliers
Et les vieux vêtements usés
D'humbles effets
De la Sainte longtemps morte
                    Son doigt flétri et âgé
Se tenait seule
Me rappelant
                    Non l'Esprit
                    Mais la chair.

The Dance Cape

The dance cape
Becomes a raven's wing
As stories are tucked into darkness
And fly away

Buttons are used for shirts and pants
To be worn to church
No dancing is allowed during hymns
To the Almighty, a jealous God

Earth's music of a million years
Has been chipped and hewn into a stronghold
Where prayer is mumbled from memory
By leaders who forget the forests

Into the fear and trembling
The raven comes: remembering Creation
And the tricks he played
Listen! He hasn't forgotten the stories
Watch! and he will teach you to dance

I know, my sisters and brothers
These are not my stories
I wore the dance cape
For moments only
But how many moments
Does eternity hold?
Only one
In the red folds
Of your story and dance
You invited me to share with you
The mystery and healing

Once again, you are the teachers
While the mountains and forests
Sing and sing and sing
Hoping our shared steps
Will remind us to listen
So we can find our way home together

La cape de danse

La cape de danse
Devient une aile de corbeau
Pendant que les histoires sont reléguées dans la noirceur
Et qu'elles s'envolent

Les boutons sont utilisés pour les chemises et les pantalons
Pour être portés à l'église
Aucune danse n'est admise durant les hymnes
Au Tout-Puissant, Dieu jaloux

Les millions d'années de musique de la Terre
Ont été usés et taillés dans la citadelle
Où la prière est murmurée de mémoire
Par les dirigeants qui oublient les forêts

De la peur et des tremblements
Le corbeau arrive : rappelant la Création
Et les trucs qu'il jouait
Écoute! Il n'a pas oublié les histoires
Regardez! Et il t'enseignera la danse

Je sais, mes sœurs et mes frères
Ce ne sont pas mes histoires
J'ai porté la cape de danse
Pour seulement quelques moments
Mais combien de moments
Est-ce que l'éternité tient ?
Seulement un
Dans les plis rouges
De vos histoires et de vos danses
Vous m'invitez à partager avec vous
Le mystère et la guérison

Encore une fois, vous êtes les enseignants
Pendant que les montagnes et les forêts
Chantent et chantent et chantent
Espérant que nos pas partagés
Nous rappellerons d'écouter
Ainsi nous pourrons trouver ensemble la direction de notre demeure

My Feather

I have my feather
I use it to fan the burning sage
When I smudge
A small memory of wing
To encourage fire
To clear my sacred house
So I can rest

This feather does not remember
The rasping cry of eagles
Or sharp eyes of a predator
It is from a small bird
Singing in my garden

Humble, singing wren
Do you recall the Spirit
Challenging you to send me
Into the wilderness?

And how you kept me company
When desert winds
Howled in my loneliness
And dust settled in my soul?

Forty days, forty years
Of your song
Each morning
To welcome the day
And call me home
To rest and sing

Ma plume

J'ai ma plume
Je l'utilise pour ventiler la sauge brûlante
Lorsque je ventile
C'est un bref souvenir de l'aile
Afin d'encourager la flamme
À purifier ma demeure sacrée
Pour ainsi me reposer

Cette plume ne se souviens pas
Les âpres cris de l'aigle
Ou les yeux perçants du prédateur
Elle provient d'un petit oiseau
Chantant dans mon jardin

Humble, le roitelet chantant !
Te rappelles-tu de l'Esprit
Te défiant de m'envoyer
Vers le désert?

Et comment m'as-tu tenu compagnie
Lorsque les vents du désert
Ont hurlé durant ma solitude
Et que la poussière s'installa dans mon âme?

Quarante jours, quarante ans
De ton chant
chaque matin
Pour accueillir le jour
Et m'appeler chez nous
Afin de rester et chanter.

Sweeping

The evening is dull
As I sweep the darkness
    From my cabin

The straw from my broom
Scratches the light
    Into abalone

I leave a whisper of shadow
For the moon
I am waiting for her
To join me
    In my clean cabin

Balayage

La soirée est ennuyeuse
Pendant que je balaie la noirceur
    De mon cabinet

Les pailles de mon balai
Raie la lumière
    Dans les oreilles de mer

Je laisse un murmure d'ombre
Pour la lune
Je l'attends
Pour me rejoindre
    Dans mon cabinet propre

A Perfect Cup of Tea

A perfect cup of tea
Love-infused
  With the leaves
    Picked by hand
In the mountains
    Placed in baskets
Where the jumble of thought and prayer
Are kept working
      Leaf after leaf
              As layer after layer
Are gathered for harvest
    To make my tea
A perfect cup of tea

      My sisters
Who work in the mountains:
May I welcome you to my table
Together our prayers infuse the water
      Making tea
Flavouring our cups
Till they are full
      Poured out in love
The harvest of your labour
    And my longing
      To meet
      Together
For tea: a perfect cup of tea

Une parfaite tasse de thé

Une parfaite tasse de thé
Infusée avec amour
Avec des feuilles
Cueillies à la main
Dans les montagnes
Placées dans les paniers
Où le méli-mélo des pensées et des prières
Continue de travailler
Pendant que feuilles après feuilles
Couches après couches
Sont préparées pour la récolte
Pour faire mon thé
Une parfaite tasse de thé

Mes sœurs
Qui travaillent dans les montagnes :
Puis-je vous accueillir à ma table
Ensemble nos prières infusent l'eau
Qui rendent le thé
Savoureux dans nos coupes
Jusqu'à être pleines
Versée par amour
La récolte de votre labeur
Et de mon désir
À se rencontrer
Ensemble
Pour le thé : une parfaite tasse de thé

Comet Hale Bop

I watched you out in the night sky :
"The people's comet"
Visible to all
With the naked eye

You took my breath away:
You, an orb of light
Trailing ribbons of words
A millennium of dust
Sent skyward
In blessing and hope

Enraptured I listened to you call:
A celestial whisper
A prayer so vast
That its sound became space
And its light became time
I longed to answer
With each spark of my kindled self.

Your orbit is two thousand years long:
So you will return
To light up my sky
Just as once
Your sisters and brothers came to our earth
And created something
From nothing
Leaving rain and tears and life
To nurture an infant planet
With a prayer so vast
That its silence
Became music
And its ice
Became summer

Comète Hale Bop

Je te surveille là-haut dans le ciel nocturne :
« La comète du peuple »
Visible pour tous
Avec nos yeux nus

Tu m'as coupé le souffle :
Toi, boule de lumière
Avec ton ruban traçant des mots
Aux poussières millénaires
Qui expédient vers le ciel
La bénédiction et l'espoir

Ravi, je t'écoute appeler :
Un murmure céleste
Une prière tellement immense
Que ton son devient espace
Et ta lumière devient temps
Je languis à répondre
Par chaque étincelle de mon propre allumage.

Ton orbite a deux mille ans de longueur :
Ainsi tu es venue
Pour éclairer notre ciel
Comme autrefois
Quand tes sœurs et frères arrivèrent sur notre terre
Et créèrent quelque chose
De rien
Laissant la pluie et les pleurs et la vie
Pour nourrir un bébé planète
Avec une prière tellement immense
Que ton silence
Devint musique
Et ta glace
Est devenue été

Old Lady at Lescaux

Cave woman:
You were never painted till now.
No one told your story on the walls
where chalk lines and traces of dreams
chase the life of auroch, stag, warrior.
Your story is tattooed
in the wrinkles
on your belly
once full with birthing
the child from word to song
to story
Your lines reach and tug
ancient hopes
into present truth
You defy our expectations.
Your sagging breasts and tangled hair
laugh with you at surprise
that you waken beauty
in the dust and pigment
when we hang you
today on our living room wall

Vieille dame à Lascaux

Femme des cavernes :
Tu n'as jamais été peinte jusqu'à maintenant.
Personne n'a dit ton histoire sur les murs
  où les lignes de craie et les traces de rêves
  chassent les vies d'aurochs, de caribous, de guerriers.
Ton histoire est tatouée
        dans les plaies ridées
          de ton ventre
    autrefois plein par la naissance
    de l'enfant de la parole à la chanson
          à l'histoire
Tes lignes atteignent et traînent
    les anciens espoirs
        vers la vérité présente
  Tu défie nos attentes
Tes seins pendants et ta chevelure emmêlée
    rient avec toi de la surprise
    que tu éveilles la beauté
    par la poussière et par les pigments
    lorsque nous t'accrochons
aujourd'hui sur le mur de notre salon.

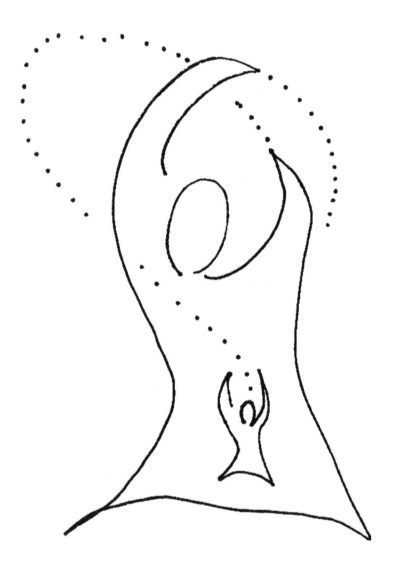

Rough Angel / L'ange écru

Rough Angel / Ange écru 88/89

For Joan's 70th Birthday / Pour le 70ᵉ anniversaire
de Joan. 90/91

Call her Friends to Come for Her / Appelle ses amis
de venir la chercher. 92/93

Sitting with Elaine / Assise avec Elaine. 94/95

My Friend: You Sing / Mon ami : tu chantes 96/97

Holy Ground / Terre sacrée 98/99

In the Tikanogan / Dans le tikanogan 100/101

Resurrection / Résurrection 102/103

Tomb / Tombe. 104/105

The Butterflies Know Where to Gather / Les papillons
savent où se rassembler. 106/107

Rough Angel

Made of clay,
The angel's wings are rough
Etched and broken
Where they have been used
To shelter the lost
The angel's back is not smooth
No elegance unfurls her wings on high

She is full of uneven patches
Of stain and grace
Earth-fired
She bears her scars
Etched into her body
Like mountains
Fold the rocks and sun
Into themselves
Catching light in the cracks
Where the foot stumbles
On its way
To the summit
Where angels rest
Like a beauty mark
On the earth

Ange écru

Fait de glaise,
Les ailes de l'ange sont écrues
Gravées et brisées
Où elles étaient habituellement
L'abri de la perte
Du dos de l'ange n'est pas lisse
Ses ailes n'ont pas d'élégant déploiement vers les cieux

Elle est pleine de pièces irrégulières
De souillure et de grâce
De terre brûlée
Elle porte ses cicatrices
Gravées dans son corps
Comme les montagnes
Replient de pierres et de soleil
Vers elles-même
Capturé la lumière dans ses fentes
Où le pied se heurte
À son passage
Vers le sommet
Où les anges reposent
Comme une belle trace
Sur le sol

For Joan's 70th Birthday

Into the greening
Comes the startling joy
Of a tiny purple face
 Whispering: "Welcome"

A new season proclaims
The truth:
Tangled vines send out their roots
And love holds us all
Safe in our growing
And beautiful
        In our aging.

Pour le 70ᵉ anniversaire de Joan

Vers le verdoiement
Vient la joie grandissante
D'une minuscule figure violette
Chuchotant « Bienvenue »

Une nouvelle saison proclame
La vérité :
Vignes enchevêtrées répandent leurs racines
Et l'amour nous maintient tous
Intact dans notre croissance
Et admirable
      Durant notre vieillissement

Call her Friends to Come for Her

2 Kings 2: 1-12 And as they still went on behold, a chariot of fire and horses of fire separated the two of them.

What chariot comes
For this soul-blued woman?
She is waiting:
Dressed in the pattern
Of breath-rattled change
Storied gasps that call her friends
To come for her.

No whirlwind moves this spirit
Or blows her to freedom
She is waiting for the chariot
Wrapped in her satin mantle
The robe of prayer and love
She is dressed for the banquet.

Swing low, sweet chariot
She cannot step high
Until her work is finished.
"Tarry here, I pray you."

In memory of Irene Cole

Appelle ses amis de venir la chercher

2 Rois 2 : 1-12 Tandis qu'ils poursuivaient leur route tout en parlant, voici qu'un char de feu et des chevaux de feu les séparèrent l'un de l'autre.

Quel chariot vient
Pour cette âme meurtrie de femme ?
Elle attend :
Soulevée par les secousses
Du respire haletant au changement
Des paroles qui exhalent l'appel de ses amis
De venir la chercher.

Aucun tourbillon ne remue cet esprit
Ou ne la souffle pour la libérer
Elle attend le chariot
Enveloppé dans sa cape de satin
Robe de prière et d'amour
Elle est vêtue pour le banquet.

Abaisse ta descente, doux chariot
Elle ne peut grimper haut
Jusqu'à ce que son travail soit terminé.
« Demeure ici, je t'en prie. »

À la mémoire d'Irene Cole

Sitting with Elaine

Breast cancer is not the victor.
The bird still sings.
In the almost-becoming of winter-worn woods
The dusk lingers
In the branches
      Waiting for spring
Brown remembers:
The speckled breast of a young robin
Green-ready to fly
      In this day, my friend,
You are the red breast of startling beauty
The welcome of a new season
The fledgling promise
Of the Word and the Way
      The fields outside your window
Are tucked in at the close of day
The sun wraps them in the warmth of her quilted glory
While you wait:
 Each breath challenging the day to end
Fiercely daring the world to tell you
That life will end
   Bold-breasted wise woman:
Your spirit is the shock of colour
The robin's heart-stout welcome
      That dares the day
      To be more open
      Than a loving heart
   That dares a sick body
  To say to the world:
     I will surrender
Only when the dusk promises
To flower with the trillium in the forest
When brown meets green
And exchanges the vows of everlasting life
      And new beginnings

In memory of Elaine Galway

Assise avec Elaine

Le cancer de sein n'est pas victorieux.
L'oiseau chante toujours.
Dans le presque devenir des boisées de l'hiver usé
Le crépuscule traîne
Dans les branches
      Attendant le printemps
Le brun se rappelle :
La poitrine tachetée d'une jeune alouette
Mûre pour voler
      En ce jour, mon ami
Tu as une poitrine rouge d'une beauté éclatante
Qui accueille la nouvelle saison
La promesse emplumée
De la Parole et de la Voie
      Les champs au dehors de ta fenêtre
Sont bordés à la fin de la journée
Le soleil les enveloppe dans la chaleur couverte de sa gloire
Pendant que tu attends :
Chaque respire défie le jour de cesser
Défiant furieusement le monde à te dire
Que la vie terminera
   La sage-femme à la poitrine audacieuse
Ton esprit est le heurt de couleur
L'alouette au cœur solide accueille
     Celle qui défie le jour
     D'être plus ouvert
     D'un cœur aimant
    Qui défie un corps malade
    De dire à l'univers :
      Je me rendrai
Seulement lorsque le crépuscule promet
De fleurir le trillion dans la forêt
Lorsque le brun rencontre le vert
Et échange les vœux de la vie éternelle
      Et de nouveaux débuts

À la mémoire d'Elaine Galway

My Friend: You Sing

My friend, you sing
Each breath a song
A strong voice
When words no longer find their way
From your heart
Each breath a song
Praising God
Reminding us of how precious
Life is
Even as it fades into the rhythm
Of rising chest
And falling life
As the body takes over and leaves
   Each breath a song announcing life
      An invitation to the mystery
        That God is good
        Even in the darkness
          That God is good
          Even in the stillness

Darkness and stillness shall be the refrain
A chorus louder than birds, brighter than stars
A song which is sounded in the rests
While the notes hover, waiting
For the next breath
In between
Yesterday and forever.

My friend: today we will sing together
A love song
For you, and with you,
A song that goes out
Into forever, and meets you in always
All ways, all ways
Announcing life, eternally

Mon Ami: Tu Chantes

Mon ami, tu chantes
Chaque souffle un chant
Une voix puissante
Lorsque les mots ne trouvent plus désormais leurs voies
De ton cœur
Chaque souffle un chant
Vénérant Dieu
Nous rappelant comment précieuse
Est la vie
Même quand elle s'évanouit dans le rythme
De la levée de la poitrine
Vers la vie tombante
Pendant que le corps abandonne et quitte
    Chaque souffle un chant annonçant la vie
                Une invitation au mystère
                Que Dieu est généreux
                 Même dans la noirceur
                Que Dieu est généreux
                Même dans le silence

Noirceur et silence seront le refrain
Un chœur plus bruyant que les oiseaux,
plus brillant que les étoiles
Un chant qui est entendu pendant les repos
Pendant que les notes planent, attendant
pour le souffle suivant
Au milieu d'hier et pour toujours.

Mon ami : aujourd'hui nous chanterons ensemble
Un chant d'amour
Pour toi, et avec toi,
Un chant qui sort
Dans pour toujours, et elle te rencontre toujours
Pour tous les jours, pour tous les jours
Annonçant la vie, éternellement

98

Holy Ground

The room is not yellow
It is white
Hospital colours
To blur the edges
Of body and soul

Yet each time
I am in your room
I feel the warm glow
Of walls that have saturated
The light of love
The shine of laughter
The unspoken hopes
Of spirit and power
Surely these walls are yellow!

We wear yellow gowns
Like a choir – with rear exposed—
Ready to sing or to play
To pray or remember
This is a place of hospitality
And we are dressed for company
As you entertain the transformation
From guest to host
From today to tomorrow

Remembering Allistair Kerr

Terre sacrée

La pièce n'est pas jaune
    Elle est blanche
Couleurs d'hôpital
Pour brouiller les limites
    Du corps et de l'âme

    Pourtant à chaque fois
Que je suis dans ta pièce
Je sens le rayonnement chaud
Des murs saturés
    Par la lumière de l'amour
    L'éclat du rire
        Les espoirs muets
De l'esprit et de la puissance
Ces murs sont sûrement jaunes !

Nous portons des robes jaunes
Comme une chorale, avec le derrière exposé,
Prête à chanter ou à jouer
    Pour prier ou pour se souvenir
C'est un endroit d'hospitalité
Et nous sommes dressés pour la compagnie
Pendant que tu reçois la transformation
    D'invité à hôte
D'aujourd'hui à demain

À la mémoire d'Allistair Kerr

In the Tikanogan

Little one
in your tikanogan
what holds you
in this cradleboard?
Is it the stiffness of birch
and the strength of trees
that support your wee back?

Is it the loving hands
that keep your life steady
even when you are put down
Ashinabe child
even when you are put down
by the hands that tie you in?

Old man in your hospital bed
your spirit is laced
into your body
by Manitou at birth
The prayers of your people
thread in and out of your hearing
The needles of your grandmothers
sew songs of praise around your bed
like a cradleboard to hold you

Outside your home
the trees in the boreal forest
surround you
knowing what it is to wait
for the seasons to change

Old man
as you wait to meet your Creator
The hands that bless you
unloose the bands of the tikanogan
So your body may be taken out
and set free.

Dans le tikanogan

Tout petit
Dans ton tikanogan
Qu'est-ce qui te maintient
Sur cette planche berçante?
Est-ce la rigidité du bouleau
Et la force des arbres
Qui supporte ton minuscule dos ?

Est-ce les mains affectueuses
Qui gardent ta vie stable
Même lorsqu'on te dépose
Enfant Ashinabe
Même lorsqu'on te dépose
De ces mains
Qui t'ont ligoté en dedans?

Vieil homme sur ton lit d'hôpital
Ton esprit est enlacé
Dans ton corps
À la naissance par le Manitou
Les prières de ton peuple
S'enfilent en dedans en dehors de ta portée d'écoute
Les aiguilles des grands-mères
Coudèrent les chants de prière autour de ton lit
Comme la planche berçante pour te maintenir

Au-dehors de ta demeure
Les arbres dans la forêt boréale
T'entourent
Sachant ce qui doit attendre
Pour les changements de saisons

Vieil homme
Pendant que tu attends de rencontrer ton Créateur
Les mains qui t'ont bénites
Délassent les cordons du tikanogan
Pour qu'ainsi ton corps soit enlevé
Et être libéré.

Resurrection

I will be with you
    like sunshine
      spilling into
the growing parts of you

    In the shadows
    I will cradle you
my arms the cool rock
    for your leaning
my heart the warm beat
of the stilled earth's evensong

      In the ripple of the lake
splashed by the duckling's wing
    I will laugh with you
      as we follow the day
into the shore
where we will rest
where we will rest
    like spring
waiting for summer
to come and call on her

Remembering Irene Forrester

Résurrection

Je serai avec toi
    comme un soleil scintillant
    me transvasant sur
tes parties croissantes

    Parmi les ombres
    Je te bercerai
mes bras, les roches fraîches
    pour t'adosser
mon cœur, le chaud battement
des Vêpres de la terre paisible

    Par les clapotis du lac
éclaboussés par les ailes des canetons
    Je rirai avec toi
Pendant que nous suivons la journée
    vers le littoral
  où nous nous reposerons
  où nous nous reposerons
    comme le printemps
qui attend pour l'été
de venir et de le visiter.

À la mémoire de Irene Forrester

Tomb

Tomb : I cannot make you
      dark enough
   to contain death
The women bring spices
They insist on dancing
    They will not let
    the end of life
      keep you
      in shrouds
of mumbled dirges
      They sing—they cry—
      They dare the rocks
to collapse
with the weight
of the groaning world
        I cannot make you dark enough
        tomb
to keep away the visitors
who run to tell the good news
      to a world that waits
        in darkness

Tombe

Tombe : je ne peux te rendre
  assez sombre
  pour contenir la mort
Les femmes apportent les épices
Elles insistent à danser
  Elles ne laisseront pas
  la fin de la vie
    te gardée
    dans un linceul
de lamentations marmonnées
  Elles chantent – elles pleurent—
  Elles défient aux roches
d'éclater
sous la pression
du monde gémissant
  Je ne peux te rendre assez sombre
    tombe
pour t'écarter des visiteurs
qui accourent pour annoncer la bonne nouvelle
  dans un monde qui attend
    dans la noirceur.

The Butterflies Know Where to Gather

The butterflies know where to gather
Surprised by my towering questions
   They scatter briefly
Their wings like song-sparkled light
     on the water
   They are carried away
Till I stand still and wait

I stop to watch these butterflies
Rising on the yellow of the day
   An ancient congregation
Holding our memories
    In the eye-spots
    On their wings

The butterflies remember
The grief of the world in their body
Solid between the moving wings
   They bring the stories

The butterflies know where to gather
In the startled places
   of my heart
Where they invite me to fly
     in the shadows
And rest in the sunlight.

Les papillons savent où se rassembler

Les papillons savent où se rassembler
Surprises par mes questions tourbillonnantes
Elles se dispersent brièvement
Leurs ailes sont comme des éclairs étincelants
Sur l'eau
Elles sont emportées
Jusqu'à ce que je m'arrête et que j'attende

J'arrête de surveiller ces papillons
S'élevant sur le jaune de la journée
Une ancienne assemblée
Maintenant nos souvenirs
Dans les taches d'œil
De leurs ailes

Les papillons se souviennent
Les griefs du monde dans leur corps
Solides entre les battements d'ailes
Elles apportent les histoires

Les papillons savent où se rassembler
Dans les endroits surprenants
De mon cœur
Où elles m'invitent à voler
Dans les ombres
Et de me reposer aux rayons du soleil

Notes:

Advent Skirt:
Advent is a four week season in the church calendar marking the waiting time for the coming of Christ, celebrated at Christmas. On the third Sunday of Advent the mood of waiting shifts from the prophecy of repentance to words of joy and freedom.

When Stitching:
When I told a church woman I didn't know how to do much handwork she was shocked: "What have you been doing with your life, girl?"

In Response to the Damning of the Harlot:: Hosea 2
Hosea was one of the four great Israelite prophets of the eighth century B.C.E. During this period of political instability and threats from Assyria and Egypt, Hosea sums up the Israel's unfaithfulness to the Lord of the Covenant by saying that "a harlot spirit has led the people astray."

Hosea is particularly scathing about the practice of fertility rites. Women's rituals and acts of adoration have long been condemned for their different approach to the love of God.

In The Abbey of St. Benoit du Lac
St. Benoit du Lac is a town and a Benedictine Abbey in the Eastern Townships of Quebec.

Great Fish
During the persecutions of Christians in the first century C.E. the fish was used as a sign of identification. According to legend, one person would draw a line in the sand, and the second person, recognizing the code for a follower of "the way" of Christ, would cross it with a line, forming a fish.

Robe de l'Avent
L'Avent est une saison de quatre semaines dans le calendrier ecclésial marquant le temps d'attente du Christ célébré à Noël. Au troisième dimanche de l'Avent, l'atmosphère d'attente se transforme de la prophétie de repentance aux mots de joie et de liberté.

Lorsque je couds
Lorsque que j'ai dit à une dame de l'église que je savais peu de chose sur le travail manuel ; elle fut choquée : « Qu'avez-vous fait de votre vie, fille ? »

En réponse à la condamnation de la prostituée : Osée 2
Osée était un des quatre grands prophètes israélites du huitième siècle AV.J.C.. Durant cette période d'instabilité politique par la menace de l'Assyrie et de l'Égypte, Osée ordonne aux Israélites, infidèles à l'Alliance avec Dieu, en disant que : « Un esprit prostitué a conduit le peuple hors de la voie. »
Osée est particulièrement acerbe sur la pratique des rites de fertilité. Les rituels féminins et les actes idolâtres ont été longtemps condamnés pour leur différente approche vers l'amour de Dieu.

À l'abbaye de St-Benoît-du-Lac
St-Benoît-du-Lac est un village et une abbaye bénédictin dans les Cantons de l'Est au Québec.

Splendide poisson
Durant les persécutions des Chrétiens du premier siècle AP.J.C., le poisson était utilisé comme signe d'identification. Selon la légende, une personne dessinerait une ligne sur le sable, et la seconde personne, reconnaissant le code du disciple de « la voie » du Christ, le croiserait par une ligne pour former le poisson.

The Monsters of the Deep Bring Gifts
In the gospel of John, the story is told of people coming to the
pool near the Sheep Gate (Bethsaida) in Jerusalem for healing.
From time to time the waters were stirred (by an angel). The first
person in the pool immediately after would be healed.
    Leviathan, Behemoth and Tiamat are sea creatures from
Babylonian and Assyrian stories. The sea was a place of terror and
chaos in the stories of the Bible.

God is Off to the Fair
The Brome Fair is an agricultural fair that has been the highlight
of life in the small village of Brome in the Eastern Townships for
150 years. Livestock, crafts and cooking are some of the main
attractions. I was told not to expect people to come to church dur-
ing that weekend, because "even God has gone to the fair." The red
ribbon is for first prize.

The Betrothal: After the Painting by Clarence Gagnon
Clarence Gagnon, a Quebec painter, was born in Montreal in
1881. He was an associate member of the Royal Canadian
Academy of Arts.

Dream Easy
Walking along the shores of Lake Ontario, I was reminded of the
rocky shores of the Isle of Mull, where my ancestors lived before
coming to Canada in the 19th century.

My Grandfather's Binoculars
My grandfather was in the First World War. My grandmother
wanted him to tell us stories of heroism and valour. He told us
about the French women and the mud on their sabots.

Les monstres des profondeurs apportent des présents
Selon l'évangile de Jean, l'histoire est dite que des gens allaient à la piscine près de la Porte de la Brebis (Bethsaïde) à Jérusalem pour guérir. De temps en temps, les eaux étaient remuées (par un ange). La première personne qui plonge immédiatement dans la piscine serait guérie. Léviathan, Bestial et Tortueux sont des créatures marines des histoires babyloniennes et assyriennes. L'océan était un endroit d'histoires terribles et chaotiques dans la Bible.

Dieu est parti pour la foire
La foire de Brome est une foire agricole qui a été le trait marquant dans la vie du petit village de Brome dans les Cantons de l'Est pendant 150 ans. Bétails, artisanats et cuisson sont quelques-uns uns des principales attractions. Il m'a été dit de ne pas compter sur les gens pour venir à l'église durant la fin de semaine parce que « même Dieu est parti à la foire. » Le ruban rouge est pour le premier prix.

Les fiançailles : selon la peinture de Clarence Gagnon
Clarence Gagnon, peintre québécois, est né à Montréal en 1881. Il était un membre associé de l'Académie des arts de la Canadienne royale.

Rêve aisé
Marchant le long des rives du Lac Ontario, je me suis rappelé des rivages rocheux de l'île de Mull où mes ancêtres vivaient avant leur venue au Canada au 19e siècle.

Les jumelles de mon grand-père
Mon grand-père a été à la Première Guerre mondiale. Ma grand-mère voulait qu'il nous raconte des histoires d'héroïsme et de courage. Il nous raconta l'histoire d'une femme française aux sabots boueux.

Great Grandma Murphy's Apron:
A pioneer on a hard rocky farm in the Ottawa Valley, Grandma Murphy came to live with her son and his young family, when she was old. As a young man her son had gone to North Carolina to seek his fortune lumbering in the Piney Wood Hills. He returned to Canada at midlife, when his health was broken by malaria. Ethel (her granddaughter) my grandmother, remembers coming on the train in 1908, wearing her red bonnet. Life in Canada was harsh after the warmth of the South.

My Mother Wears Blue in Alaska:
During the summer of 2005 my mother took my sister, my niece and me on a cruise to Alaska. After a helicopter trip to a glacier, I was moved by the profound connection of the mother earth and my own mother.

Angus, My Page:
Angus, my son, was a page in the House of Commons during his first year of university. Pages take notes back and forth between the members of parliament, and pour water.

Chester is Away on the River:
Chester, my son, spent many of his summers camping and canoeing as part of the outdoor education program of Limestone District School Board (Kingston, Ontario). On one trip he went to Moosanee.

To My African Sisters:
I lived in Addis Ababa, Ethiopia from 1992-1994. Even when we didn't speak the same language, we could always communicate and laugh about our bodies and our babies.

Le tablier de Murphy, mon arrière-grand-mère
Une pionnière dans une ferme au sol dur et rocailleux de la vallée d'Ottawa, grand-mère Murphy est venue vivre avec son fils et sa jeune famille lorsqu'elle était âgée. Jeune, son fils parti vers la Caroline du Nord pour trouver fortune comme bûcheron dans le Piney Wood Hills. Au milieu de sa vie, Il retourna au Canada lorsqu'il fut atteint par la malaria. Ethel (sa petite fille), ma grand-mère, se rappelle voyageant par le train en 1908, portant un bonnet rouge. La vie au Canada fut rude après la chaleur du sud.

Ma mère vêt du bleu en Alaska
Pendant l'été de 2005, ma mère emmena ma sœur, ma nièce et moi sur une croisière en Alaska. Après un vol en hélicoptère vers un glacier, j'ai été touchée par la connexion profonde entre la mère-terre et ma propre mère.

Angus, mon page
Angus, mon fils, était un page à la Chambre des Communes pendant sa première année à l'université. Les pages délivrent les notes des membres du parlement et leur apportent de l'eau.

Chester est parti sur la rivière
Chester, mon fils, passa plusieurs de ces étés dans un programme d'éducation dans la nature organiser par la commission scolaire du district de Limestone (Kingston, Ontario) à camper et à canoter. À un de ces voyages, il est allé à Moosanee.

À mes sœurs africaines
J'ai demeuré à Addis Ababa, en Éthiopie entre 1992 et 1994. Même si nous ne parlions pas le même langage, nous pouvions communiquer et rire à propos de nos corps et de nos bébés.

Memories of Avila, Spain:
Saint Theresa is one of the most important mystics of the Christian tradition. Her book, Interior Castles, written near the end of her life, in 1579, describes the mystical life of the soul and the road to perfection. I visited her shrine in 1982 and wrote this poem in my journal. Only much later in my life, when I was studying theology, did I realize her contribution to spirituality.

The Dance Cape:
The Tlingit people of Alaska make dance capes from heavy red felt. These sacred vestments are decorated with hundreds of buttons in the designs of crest animals honouring their ancestry.

The churches have perpetrated terrible violence against the First Nations people of North America. Finally, in our time, we are recognizing the powerful wisdom and healing in their rituals and stories and spiritual practice. Saxman Village, in Alaska, invites tourists to learn about their culture and share in their dancing in one of their lodges. The raven is a trickster figure in the creation stories of the Pacific Northwest.

My Feather:
Smudging is a practice of purification using smoke. It is a spiritual practice from aboriginal tradition. Sage is used for clearing the vision.

A Perfect Cup of Tea:
On the tea plantations of Sri Lanka, women labourers pick the tea.

Comet Hale Bop:
The night skies of January 1997 were bright with this comet. This poem is dedicated to Lowell Moyse, my partner in ministry. That year, I was ordained as a minister in the United Church of Canada.

Souvenirs d'Avila, Espagne
Sainte-Thérèse est l'une des plus importantes mystiques de tradition chrétienne. Son livre, Châteaux intérieurs, écrit vers la fin de sa vie en 1579, décrit la vie mystique de l'âme et la voie de la perfection. J'ai visité sa châsse en 1982 et j'ai écrit ce poème dans mon journal. Beaucoup plus tard dans ma vie lorsque j'étudiais la théologie ; j'ai réalisé sa contribution vers ma spiritualité.

La cape de danse
Les capes de danse du peuple Tlingit d'Alaska sont fabriquées d'un lourd feutre rouge. Ces vêtements sacrés sont décorés par des centaines de boutons dont les écussons représentent les animaux honorant leurs ancêtres. Les églises ont perpétré des violences terribles contre les peuples des Premières Nations en Amérique du Nord. Finalement, maintenant, nous reconnaissons la puissante sagesse et de guérison de leurs rituels, leurs histoires et leurs pratiques spirituelles. Le village Saxman, en Alaska, invite les touristes à apprendre les propos de leur culture et de partager par la danse dans une de leurs loges. Dans le Nord-Ouest du Pacifique, Le corbeau est une figure astucieuse dans les histoires de la création.

Ma plume
La fumigation est une pratique purificatrice utilisant la fumée. C'est une pratique de tradition aborigène. La sauge est utilisée pour ouvrir la vision.

Une parfaite tasse de thé
Dans les plantations de thé du Sri Lanka, les femmes laboureuses cueillent le thé.

Comète Hale Bop
Les cieux nocturnes de janvier 1997 furent éclairés par cette comète. Ce poème est dédié à Lowell Moyse, mon partenaire au ministère. Cette année-là, j'ai été ordonnée comme ministre à l'Église unie du Canada.

Old Lady at Lescaux:
A painting by my sister, Heather Roy, reminded me of the cave paintings in Lescaux, France. The work of prehistoric artists or priests may have been intended for sympathetic magic, to attract game.

For Joan's 70th Birthday:
This poem is dedicated to Joan Tompkins, a woman of strong spirit and fire. She is one of the beloved "wise women" of Queen Street United Church in Kingston with whom I studied scripture each week.

Call Her Friends to Come for Her:
I wrote this poem after sitting with my friend, Irene Cole, on the last afternoon of her life. She was a deeply spiritual woman. *Swing low, sweet chariot...*I sang to her. I was reminded of the biblical story of Elisha, asking the prophet Elijah for a double portion of his spirit. Elijah was taken to his ancestors in a chariot of fire.

Sitting with Elaine, from my journal
Elaine Galway, my very dear friend, grew up near Sweets Corners, Ontario, on the farm that had been in her family for generations. When she got very weak from cancer, she returned home to be cared for by her loving family. I sat by her bed, in a little Sunday School chair that her grandfather had made, and read to her from Julian of Norwich: *God made you, God loves you, God will take care of you.* As I sat with her, the image of the robin's breast kept pushing at me. Elaine died of breast cancer on May 8, 2002, almost seven hundred years to the day that Dame Julian's words were first published. Elaine was a theological student.

Vieille dame à Lascaux
Un tableau de ma sœur, Heather Roy, me rappelle les peintures des cavernes de Lascaux, France. Le travail était d'artistes ou prêtres préhistoriques dont les intentions étaient probablement de la magie altruiste, pour attirer le jeu.

Pour le 70ᵉ anniversaire de Joan
Ce poème est dédié à Joan Tompkins, une femme qui a une âme forte comme un feu. Elle est une des bien-aimées « sage-femme » à l'Église unie de Queen Street à Kingston avec qui j'étudiais la Bible chaque semaine.

Appelle ses amis de venir la chercher
J'ai écrit ce poème après avoir été assise avec mon amie, Irene Cole, au dernier après-midi de sa vie. Elle était une femme très spirituelle. *Berce lentement, doux chariot.* Je lui ai chanté. Je me rappelais l'histoire biblique d'Élisée, demandant au prophète Élie une portion double de son esprit. Élie fut emporté vers ses ancêtres par un chariot de feu.

Assise avec Elaine, de mon journal
Elaine Galway, ma très chère amie, grandit près de Sweets Corners, Ontario, à la ferme qui a appartenu à sa famille depuis des générations. Lorsqu'elle devint très faible par le cancer, elle retourna à la ferme pour être soignée par sa famille bien-aimée. Je m'assoyais à son chevet, sur une petite chaise d'école du dimanche dont son grand-père a fabriqué et je lui lisais Dieu t'a créé, Dieu t'aime et Dieu prendra soin de toi. Comme j'étais assise avec elle, l'image de la poitrine de l'alouette me revenait toujours. Elaine est décédée du cancer du sein le 8 mai 2002, presque huit cent ans à ce jour des paroles publiées pour la première fois de Julian. Elaine était une étudiante en théologie.

Holy Ground:
Rules for isolation rooms in the hospital require all visitors to wear yellow hospital gowns and rubber gloves. Al Kerr spent the last several months of his life at the Brome Missisquoi Perkins Hospital in isolation, but not alone. He entertained visitors and staff with songs from Cape Breton, hymns and recitations from the Romantic poets.

In the Tikanogan:
On the Oji-Cree First Nations reserve in Sandy Lake, Ontario, we visited an old man who had returned from the city to his home to die. Elders from the church gathered at his bedside to sing hymns and to pray him on his way. A tikanogan is a wood frame covered with embroidered cloth and lacing, used to carry babies, keeping them secure and warm.

Resurrection:
Sister Irene Forrester, of the Sisters of Providence, was a wise and compassionate example for me as I tried to figure out how to respond to my call to ministry. During the summers at our families' cottages on Lake Carmi, Vermont, we liked to watch the ducks. She died of breast cancer.

Tomb:
On that first Easter morning, the women who had been friends with Jesus of Nazareth went to the tomb where his body had been placed after his crucifixion. They brought spices to anoint his body, as was the custom of the time. The tomb was empty.

The Butterflies Know Where to Gather:
Hundreds of yellow sulfur moths on the shore of Soup Harbour, Ontario, taught me about dying and living.

Terre sacrée
Les règlements pour les chambres isolées de l'hôpital requiert que tous visiteurs de porter les robes jaunes et les gants de caoutchouc. Al Kerr passa les derniers mois de sa vie à l'hôpital Perkins de Brome-Missisquoi isolé mais pas seul. Il divertissait les visiteurs et les employés avec des chansons du Cap-Breton, des hymnes et des récits de poètes romantiques.

Dans le tikanogan
Dans la réserve, Oji-Cree, des Premières Nations au Lac Sandy, Ontario, nous avons visité un vieil homme qui est revenu de la cité à sa patrie pour mourir. Les aînés de l'église se sont regroupés à son chevet pour chanter des hymnes et pour lui prier vers son chemin. Un tikanogan est une charpente en bois couverte avec du tissu brodé et lacé, utilisé pour porter les bébés, les gardant en sécurité et au chaud.

Résurrection
Sœur Irene Forrester, des Sœurs de la Providence, était un exemple de sagesse et de compassion pour moi pendant que j'essayais de figurer la façon de répondre à l'appel vers un ministère. Pendant les étés dans notre maison de campagne familiale sur le lac Carmi au Vermont, nous aimions surveiller les canards. Elle est décédée du cancer du sein.

Tombe
En ce premier matin de Pâques, la femme qui était amie avec Jésus de Nazareth alla vers la tombe où son corps a été déposé après la crucifixion. Elles apportèrent des épices pour oindre son corps, comme c'était la coutume en ce temps-là. La tombe était vide.

Les papillons savent où se rassembler
Sur les côtes du port Soup en Ontario, des centaines de phalène jaunes m'enseignèrent à propos de la vie et de la mort.

MEMBRE DU GROUPE SCABRINI

Québec, Canada
2006